DON
BOSCO

NICOLE BRUSKE-KLEIN · ULRIKE MENKE

GRUNDLAGEN UND MEHR ALS 80 SPIELE

PHONOLOGISCHE BEWUSSTHEIT

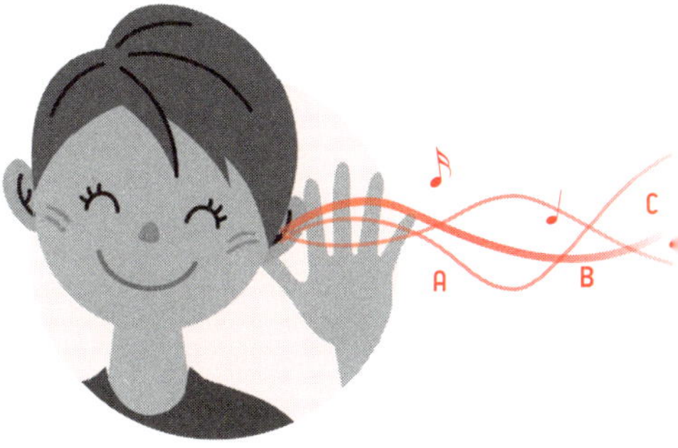

UNTER MITARBEIT VON SWANA SEGGEWISS

DON BOSCO

Gerne nehmen wir Ihre Anregungen, Wünsche, Kritik oder Fragen entgegen:
Don Bosco Medien GmbH, Sieboldstraße 11, 81669 München
anregungen@donbosco-medien.de
Servicetelefon: (0 89) 4 80 08-3 41

Bibliografische Information der Deutschen Nationalbibliothek

Die Deutsche Nationalbibliothek verzeichnet diese Publikation in der Deutschen Nationalbibliografie; detaillierte bibliografische Daten sind im Internet über http://dnb.d-nb.de abrufbar.

1. Auflage 2014 / ISBN 978-3-7698-2091-1

www.donbosco-medien.de
Cover: ReclameBüro, München
Layout Innenteil: Petra Hinterberger, das-grafikbuero.de
Lektorat: UNGER-KUNZ. Lektorat und Redaktionsbüro
Satz: Don Bosco Medien GmbH
Produktion: GrafikMediaProduktionsmanagement, Köln

Gedruckt in Polen

INHALT

EINLEITUNG

Jedes Jahr nach den Sommerferien sitzen neue Erstklässler mit erwartungsvollem Blick und leuchtenden Augen in den Klassenzimmern, um dort mit einem liebevoll gestalteten Rahmenprogramm an dem Ort willkommen geheißen zu werden, der für sie in den nächsten Jahren viel Bedeutung haben wird. Viele der neuen Schulbesucher können bereits ihren Namen schreiben oder die Lieder der älteren Kinder mitsingen. Es ist ihnen möglich, Reime zu erkennen, ein Wort in seiner Silbenform zu klatschen und sie wissen vielleicht auch schon, dass „Oma" mit „O" anfängt, genauso wie „Ole" und „Opa".
Diese Fähigkeit, Wörter lautanalytisch zu betrachten, wird dem Bereich der phonologischen Bewusstheit zugeordnet. Sie ist eine wichtige Vorläuferfähigkeit für den Erwerb der späteren Lese- und Schreibfähigkeit. Ihr Einfluss konnte in einer Reihe empirischer Studien in verschiedenen Ländern und Sprachen nachgewiesen werden. Es stellte sich dabei z. B. heraus, dass Kinder mit einer Lese-Rechtschreib-Schwäche (LRS) deutlich größere Schwierigkeiten hatten, Aufgaben zur phonologischen Bewusstheit zu lösen als Gleichaltrige ohne LRS. Weiterhin hat sich gezeigt, dass ein Training

der phonologischen Bewusstheit die Kompetenzen in der Schriftsprache und dem Lesesinnverständnis deutlich verbessern kann.
Was aber ist die phonologische Bewusstheit genau? Sie ist ein Teilbereich der phonologischen Informationsverarbeitung. Einige Autoren unterscheiden zwischen der phonologischen Bewusstheit im weiteren und der im engeren Sinne: Eltern und Erzieherinnen bzw. Erzieher beobachten vor allem bei den Kindern im letzten Kindergartenjahr, wie sich die phonologische Bewusstheit im weiteren Sinne entwickelt. Die Kinder fangen von sich aus an zu reimen, und oft kommen dabei sehr lustige Fantasiewörter heraus. Sie erkennen auch, dass Wörter aus einzelnen Silben bestehen und können vereinzelt auch schon die Anfangssilben bestimmen („Blume fängt mit ‚Blu-' an."). Dies sind einige der Fähigkeiten, die der phonologischen Bewusstheit zugeordnet werden. Die phonologische Bewusstheit im engeren Sinne bezieht sich dagegen auf den Umgang mit den einzelnen Lauten. Ihr Gegenstand ist die kleinste Einheit der gesprochenen Sprache, und sie entwickelt sich oft erst im Zusammenhang mit dem Schriftspracherwerb.
Gerade die heute am häufigsten verwendete Schreiblernmethode, das Schreiben nach dem Gehör, fordert von den Kindern eine gut entwickelte phonologische Bewusstheit.

Die folgenden Spiele sollen Ihnen Hilfestellung bei der Förderung dieser Kompetenz geben. Fast alle Spiele können sowohl in Kindergärten und Kitas (K) als auch in Grundschulen (G) eingesetzt werden.

Nicole Bruske-Klein und Ulrike Menke

SPIELE MIT SILBEN

Wie viele Silben hat z.B. das Wort „Ananas"? Die Gliederung des Wortes in seine Silbenstruktur erfolgt durch rhythmisches Sprechen und Klatschen. Bereits jüngere Kindergartenkinder schaffen dies oft intuitiv. Allerdings ist ihnen noch nicht klar, dass die Silbenanzahl auch Auskunft über die Wortlänge geben kann. So geben viele Kinder zunächst an, dass das Wort „Katze" länger ist als das Wort „Marienkäfer". Sie vergleichen nämlich hierbei noch nicht die Silbeneinheiten miteinander, sondern orientieren sich an der realen Größe der Tiere. Durch Silbenspiele wie die folgenden soll den Kindern bewusst werden, dass Silben ein Gliederungsprinzip der Sprache darstellen. Dies unterstützt das spätere Erlernen der Kulturtechniken „Lesen" und „Schreiben".

ZÄHL MIT!

K
G

Material: Bildkarten, 6 Zahlenkarten (jeweils mit einer Ziffer im Zahlenraum von 1 bis 6)

Die Kinder sitzen um einen Tisch. Dann verteilt die Spielleiterin einige Bildkarten auf dem Tisch. Zusätzlich legt sie 6 Zahlenkarten aus, die jeweils mit einer Ziffer im Zahlenraum von 1 bis 6 beschriftet sind.
Ein Kind zieht eine der Bildkarten und benennt den Begriff für den Gegenstand, der auf der Karte abgebildet ist. Nun sprechen alle zusammen mit der Spielleiterin diesen Begriff in Silbenform vor und klatschen dazu im Rhythmus der Silben (z. B. „Pa-pa-gei"). Gemeinsam wird jetzt bestimmt, wie viele Silben das Wort hat, und anschließend wird die Bildkarte unter die dazu passende Zahlenkarte gelegt. Dann ist das nächste Kind an der Reihe, eine Bildkarte zu ziehen.

SILBENWETTLAUF

K
G

Material: ein Spielbrett mit einem Weg aus Spielfeldern (z. B. „Mausefalle"® oder „Mensch ärgere Dich nicht"®) und die dazugehörigen Spielfiguren, Bildkarten

Dieses Spiel kann mit maximal 4 Kindern gespielt werden. Die Kinder sitzen am Tisch. Vor ihnen liegt ein Spielbrett mit einem Weg, der aus einzelnen Feldern besteht (z. B. wie beim Spiel „Mausefalle"® oder bei „Mensch ärgere Dich nicht"®).
Anstelle eines Würfels wird nun vom Spielleiter ein Stapel mit Bildkarten auf den Tisch gelegt. Ein Kind beginnt mit dem Spiel, indem es die erste Karte zieht und den Begriff für den Gegenstand nennt, der auf der Karte zu sehen ist. Dann spricht es dieses Wort in seiner Silbenstruktur aus und zählt die Anzahl der Silben. Entsprechend dieser Silbenzahl darf es dann mit seiner Spielfigur auf dem Spielbrett vorrücken. Danach ist das nächste Kind an der Reihe.
Der Spielleiter sollte den Kindern bei diesem Spiel den Tipp geben, dass ein Wort durchaus auch verlängert werden kann. So kann aus dem „Pilz", welcher einer Silbe entspräche, durchaus der „Fliegenpilz" werden, sodass das entsprechende Kind dadurch gleich drei Felder vorrücken könnte.

SILBEN SAMMELN

K

Material: das Spiel „Quips"®, Bildkarten

Auch dieses Spiel ist für maximal 4 Kinder ausgelegt. Die Kinder sitzen am Tisch. Die Spielleiterin verteilt die Spielplatten des Spieles „Quips"® an die Kinder. Anstelle eines Würfels wird auch hier von der Spielleiterin ein Stapel mit Bildkarten auf den Tisch gelegt. Das Kind, welches mit dem Spiel beginnen soll, zieht nun die erste Karte und nennt den Begriff für den Gegenstand, der auf der Karte zu sehen ist. Dann spricht es dieses Wort in seiner Silbenstruktur und zählt die Silbenanzahl. Anschließend darf es sich die entsprechende Anzahl an Farbsteinen nehmen. Danach ist das nächste Kind an der Reihe. Das Kind, welches zuerst seine Spielplatte mit den Steinen gefüllt hat, hat gewonnen. Dazu muss es jedoch am Ende die noch offenen Lücken passend füllen. Braucht es also zum Schluss des Spiels nur noch zwei Steine, zieht aber ein Wort mit drei Silben, dann darf es sich die Steine nicht nehmen, sondern muss in der nächsten Runde erneut sein Glück versuchen.

SILBENLOTTO

K
G

Material: ein vorbereitetes „Arbeitsblatt“ pro Kind, ein Säckchen, Bildkarten, Spielsteine

Jedes Kind erhält ein von der Spielleiterin vorbereitetes „Arbeitsblatt“. Auf diesem Blatt befinden sich 10 Kästchen. In jedes der Kästchen hat die Spielleiterin zuvor eine bestimmte Anzahl von Punkten im Zahlenraum zwischen 1 bis 6 gemalt.
Nun zieht das erste Kind eine Bildkarte aus einem Säckchen, benennt den auf der Karte abgebildeten Gegenstand und bestimmt die Anzahl der Silben dieses Wortes. Dann legt es einen Spielstein auf sein Papierblatt, und zwar auf das Kästchen mit der entsprechenden Punktezahl. Die Bildkarte wird wieder zurück in das Säckchen gegeben.
Falls kein Kästchen mit der passenden Silbenanzahl mehr frei ist, muss das Kind die nächste Runde abwarten. Gewinner ist, wer als Erster alle Kästchen auf seinem Blatt mit Spielsteinen belegen konnte.

SILBEN-KLATSCH-WÜRFELEI

K G

Material: ein Blankowürfel, ein Stift zum Bemalen des Würfels, eine große Anzahl Bildkarten

Vor dem Spiel wird ein Würfel gebastelt, der nur bis zur 3 geht, d. h., ein Blankowürfel wird mit 2 mal 1, 2 mal 2, und 2 mal 3 Punkten bemalt.
Die Kinder sitzen am Tisch, und in der Mitte des Tisches liegen, offen aufgedeckt, ganz viele verschiedene Bildkarten. Wichtig ist, dass alle diese Bildkarten Gegenstände zeigen, die mit maximal dreisilbigen Wörtern benannt werden können, also z. B. Haus, Trom-pe-te, Rut-sche, Ba-na-ne, Bett, Bie-ne etc. Die Kinder würfeln nun reihum. Wenn jemand z. B. eine 1 gewürfelt hat, müssen alle mitspielenden Kinder schnellstmöglich nach einer Bildkarte mit nur einer Silbe suchen. Das Kind, das als Erstes eine entsprechende Karte findet, den darauf abgebildeten Gegenstand benannt und die entsprechende Silbenanzahl geklatscht hat, darf diese Karte an sich nehmen. Sieger ist, wer am Ende am meisten Karten sammeln konnte!

WÜRFELSPIEL MIT SILBEN

K

Material: ein Würfel- und Brettspiel (z. B. „Mensch ärgere Dich nicht"®), Aufkleber (z. B. Sternchen), Karten eines Memo-Spiels oder Bilderlottos

Ein herkömmliches Würfel- und Brettspiel, wie z. B. „Mensch ärgere Dich nicht"®, kann mit wenigen Handgriffen in ein Silbenspiel verwandelt werden. Dazu versieht man die Eckfelder der Zugbahnen jeweils mit einem Aufkleber, etwa mit einem Stern. Außerdem werden Bildkarten, z. B. von einem Memo-Spiel oder Bilderlotto, verdeckt auf dem Tisch aufgestapelt.
Dann wird gespielt, wie z. B. beim „Mensch ärgere Dich nicht"® üblich. Kommt ein Spieler aber mit seiner Figur auf ein mit einem Aufkleber präpariertes Feld, so darf er eine Bildkarte vom Stapel ziehen, das Bild betrachten und das Wort, das den abgebildeten Gegenstand benennt, durch Klatschen in seine einzelnen Silben zerlegen. Anschließend darf er mit seiner Spielfigur zusätzlich um die jeweilige Anzahl der Silben weiterziehen und kommt so dem Ziel wieder ein Stückchen näher. Alle anderen Spielregeln, die es z. B. beim „Mensch ärgere Dich nicht"® gibt, bleiben erhalten.

DIE BEGRÜSSUNGSSCHLANGE

K

Die Kinder sitzen im Stuhlkreis. Ein Kind wandert zu folgendem Vers durch den Kreis:

„Durch den Kreis will ich nun gehn
und bleib bei einem andern stehn.
Ich klatsche in die Hand,
... (z. B. A-me-lie) wirst du genannt!"

Beim Wort „stehn" hält das Kind bei einem Mitspieler an und sagt dann vor ihm den Spruch zu Ende auf. Dabei wird der Name des im Stuhlkreis sitzenden Kindes von dem stehenden Kind im Rhythmus seiner Silben geklatscht. Beide Kinder fassen sich nun an den Händen oder an den Schultern, wobei das eben begrüßte Kind vorne steht. Dann gehen die beiden auf diese Weise erneut im Kreis herum. Jetzt darf das vorne gehende Kind einen weiteren Mitspieler mit dem Vers begrüßen und wechselt anschließend an das hintere Ende der Kinderreihe. So wird die Schlange immer länger und länger, und jedes Kind hat dabei die Gelegenheit, einmal am Anfang der Schlange zu stehen. Sitzt schließlich niemand mehr auf seinem Stuhl, dann wird das Spiel mit folgendem Spruch beendet:

„Durch den Kreis wolln wir nun gehn
und bleiben nirgendwo mehr stehn.
Wir klatschen in die Hand,
... (z. B. Baum-grup-pen-kin-der) werden wir genannt!"

BEGRÜSSUNGSSPIEL MIT TROMMEL

K

Material: eine Trommel

Die Kinder bilden einen Stuhlkreis und stellen sich vor ihre Stühle. In die Mitte wird eine Trommel gestellt. Ein Kind beginnt nun und geht in die Mitte zur Trommel. Dann werden mit dem folgenden Vers nacheinander alle Kinder begrüßt:

Alle:

„Wir wollen uns begrüßen
mit Händen und mit Füßen!"

Das Trommelkind:

„Ich rufe laut ‚Hurra, die/der
... (z. B. Ma-rie), ist da!'"

Alle wiederholen, klatschen und stampfen dazu mit den Füßen:

„Wir rufen laut ‚Hurra, die/der
... (z. B. Ma-rie) ist da!'"

Das Kind, das auf diese Weise begrüßt wurde, geht nun in die Mitte und löst das bisherige Trommelkind ab. Jeder Spieler, der bereits an der Reihe war, setzt sich auf seinen Platz. Das letzte Trommelkind beendet das Spiel mit dem Vers:

„Ich rufe laut ‚Hurra,
alle Kinder sind nun da!'"

ZAUBERER ZWICKELZWACK 1

K

Material: ein Zauberstab, ein Säckchen, Bildkarten

Alle Kinder sitzen im Stuhlkreis. Eines der Kinder spielt den Zauberer Zwickelzwack und kreist mit dem Zauberstab über einem Säckchen. In dem Säckchen befinden sich Bildkarten, auf denen Gegenstände oder Tiere zu sehen sind. Alle rufen nun:

„Großer Zauberer Zwickelzwack,
zauber was aus deinem Sack!"

Der „Zauberer" holt daraufhin eine Bildkarte aus dem Säckchen hervor. Dann benennt er laut den darauf abgebildeten Gegenstand bzw. das abgebildete Tier. Alle wiederholen anschließend dieses Wort und klatschen zugleich dessen Silben. Nun kommt die Bildkarte mit der Abbildung nach oben in die Kreismitte, und Zwickelzwack zaubert eine neue Karte aus dem Säckchen.
Dieses Spiel ist in etwas erweiterter Form auch als Reimspiel möglich (siehe dazu „Zauberer Zwickelzwack 2" S. 30).

K G

SILBEN-KLATSCH-POST

Material: 4 Schuhkartons, gelbes Tonpapier, Kleber, Stift, Bildkarten

Der Spielleiter bereitet 4 Schuhkartons vor. Diese werden von ihm außen mit gelbem Tonpapier beklebt, und in den Schuhkartondeckel wird ein Schlitz geschnitten. Dann werden die Kartons von 1 bis 4 durchnummeriert, nebeneinander aufgestellt, und fertig sind die 4 Postkästen! Vor die „Postkästen" werden Bildkarten mit unterschiedlichen Motiven gelegt. Die Bezeichnung für die darauf abgebildeten Gegenstände darf aber nicht mehr als 4 Silben haben.

Das Kind, das jeweils an der Reihe ist, nimmt sich nun eine der Bildkarten und benennt laut, was es darauf sieht. Wenn auf der Bildkarte z. B. ein Roller zu sehen ist, sagt das Kind laut „Roller" und klatscht die entsprechende Anzahl der Silben („Rol-ler"). Weil das Wort „Roller" zwei Silben hat, darf das Kind die Bildkarte in den „Postkasten" mit der „2" stecken. Und schon geht es weiter mit der nächsten Bildkarte …

KOMM MAL MIT INS KLATSCHLAND ...!

K G

Die Kinder sitzen im Stuhlkreis. Eines der Kinder denkt sich ein Tier aus, sagt dessen Namen laut auf und klatscht dabei die einzelnen Silben. Anschließend wiederholen alle gemeinsam dieses Wort und klatschen ebenfalls dessen Silben. Gemeinsam wird nun die unten stehende Liedstrophe nach der Melodie von „Lange, lange Reihe" gesungen, und zwar mit dem Namen des jeweiligen Tieres:

„Komm mal mit ins Klatschland,
denn das macht wirklich froh,
das macht wirklich froh,
und alle Tiere spricht man dort so: ...
(z. B. E-le-fant, Kat-ze, Kro-ko-dil etc.)

Danach nennt und klatscht ein anderes Kind einen Tiernamen, alle ahmen es wieder nach und singen die Strohe erneut – das geht so lange, bis jeder einmal dran war.

Varianten:

- Die Silben können aber auch gestampft oder gehüpft werden. Dann wird das „Klatschland" in der Strophe einfach durch „Stampfland" oder „Hüpfland" ersetzt.
- Und anstelle der Tiere können auch Vornamen eingesetzt werden. Dann heißt es in der letzten Zeile der Liedstrophe: „... und alle Namen spricht man dort so:"

AUF DER ACHTERBAHN

K

Die Kinder stellen sich im Kreis auf. Dann wird der unten stehende Text rhythmisch gesprochen, und die darin angegebenen Bewegungen werden dabei nachgeahmt:

„Mit der I-, mit der A-, mit der Achterbahn
wollen i-, wollen a-, wollen alle fahrn,
(Mit der Hand eine 8 in die Luft malen)
nach i-, nach a-, nach oben
gezi-, geza-, gezogen.
(Die Arme langsam nach oben strecken)

Wir ri-, wir ra-, wir rasen
mit ri-, ra-, roten Nasen
(Alle fassen sich an die Nase)
nach li- und la- und links im Nu
(Alle neigen den Oberkörper nach links)
und ri- und ra- und rechts dazu.
(Alle neigen den Oberkörper nach rechts)

Hinab ins Ti-, Ta-, Tal
(Alle gehen in die Hocke)
fli-, fla-, fliegen wir nochmal!"

FRÖSCHE HÜPFEN

K G

Material: Bildkarten, ein Hüpffrosch

Dieses Spiel ist für maximal 4 Kinder geeignet. Auf dem Boden werden Bildkarten mit der Rückseite nach oben ausgelegt. Die Kinder versuchen nun nacheinander, einen Hüpffrosch auf eine der Karten hüpfen zu lassen. Wenn es ihnen gelungen ist, drehen sie diese Karte um und benennen den Gegenstand, der darauf abgebildet ist. Anschließend sprechen sie dieses Wort im Rhythmus seiner Silben und klatschen dazu.

FLIESENHÜPFEN

K G

Material: 15 Teppichfliesen

Im Turnraum werden Teppichfliesen in 5 Reihen nebeneinander verteilt. Dabei wird in die erste Reihe eine Teppichfliese gelegt, daneben in die zweite Reihe zwei Teppichfliesen hintereinander, daneben in die dritte Reihe drei Fliesen hintereinander usw., bis zur fünften Reihe mit fünf Teppichfliesen. Die Kinder stellen sich nun hinter den Teppichfliesenreihen auf. Es sollten mindestens 5 Kinder mitspielen, sodass hinter jeder Teppichfliesenreihe mindestens ein Kind steht. Dann ruft die Spielleiterin den folgenden Reim:

„Klatscht alle mit, denn Klatschen, das hält fit!
Springt mal mit, auch das hält fit, hört alle her:
Es geht um Nahrung, gar nicht schwer."

Die Spielleiterin sagt anschließend das erste Wort zum Überbegriff „Nahrung", also z. B. „Tomate". Alle wiederholen dieses Wort und klatschen dabei dessen Silben: „To-ma-te".
Weil das Wort „Tomate" 3 Silben hat, darf das Kind, das vor der Dreierreihe Teppichfliesen steht, dieses Wort über die Fliesen springen. Alle rufen danach nochmal „To-ma-te!".

Dann folgt das nächste Wort, das zum Überbegriff „Nahrung" passt. Wenn alle Wörter zu „Nahrung" durchgespielt sind, kommt, wieder beginnend mit dem Reim, der nächste Überbegriff dran usw., bis alle Überbegriffe durch sind.
In Kombination damit können auch Wörter gewählt werden, die immer mit demselben Anfangsbuchstaben beginnen. Dann kann dieses Spiel auch für die Laut-Erkennung (siehe ab S. 52) verwendet werden.
Hier einige Anregungen zu Überbegriffen und dazu passenden Wörtern:

- *Nahrung:* Ei, Ap-fel, To-ma-te, Tief-kühl-piz-za, Ka-rot-ten-sa-lat
- *Fahrzeuge:* Zug, Las-ter, Om-ni-bus, Pfer-de-kut-sche, Lo-ko-mo-ti-ve
- *Spielzeug:* Ball, Wür-fel, Kar-ten-spiel, Ba-by-pup-pe, Mo-dell-ei-sen-bahn
- *Tiere:* Kuh, Ka-mel, Kro-ko-dil, Rie-sen-schlan-ge, Sä-bel-zahn-ti-ger
- *Kleidung:* Rock, Schu-he, Un-ter-hemd, Re-gen-ja-cke, Schlaf-an-zug-ho-se
- *Natur:* Baum, Blät-ter, Him-beer-strauch, Blu-men-wie-se, Jo-han-nis-beer-strauch
- *Körper:* Ohr, Wan-gen, Knie-ge-lenk, Ze-hen-na-gel, Ring-fin-ger-kup-pe

KÖNIG, KÖNIG, WOMIT DARF ICH REISEN?

K G

Das folgende Spiel ist geeignet für den Turnraum oder andere große Räume. Ein Kind spielt den König und stellt sich an eine Seite des Raums. Auf der gegenüberliegenden Seite stehen die anderen Mitspieler und rufen:

„König, König, womit darf ich reisen?"

Das Kind, das den König spielt, denkt sich nun ein Fortbewegungsmittel aus, z.B. ein Motorrad. Es antwortet:

„Mit dem Mo-tor-rad!"

Die anderen Kinder dürfen nun die in dem jeweiligen Wort enthaltene Anzahl an Silben auf den König zuhüpfen, in diesem Fall also dreimal springen. Anschließend fragen die Spieler den König wieder, womit sie reisen dürfen. Das geht so lange, bis eins der Kinder an der gegenüberliegenden Wand angekommen ist. Der Spieler, der dies als Erster schafft, ist dann der neue König, und das Spiel beginnt von vorne.

SPIELE MIT REIMEN

Bei Reimspielen entwickeln unsere Kinder wahre künstlerische Fähigkeiten. Sie verändern ein Wort, indem sie dessen ersten Laut bzw. die ersten Laute durch andere ersetzen. Dadurch schaffen sie ein ganz neues Wortgebilde, wobei aber die Reimfunktion des Wortes weiter bestehen bleibt.

Dieses analytische Wahrnehmen von Wörtern hilft ihnen später, auch beim Schreiben und Lesen gleich lautende Wortteile zu erfassen. Auf diese Weise erkennen die Grundschüler dann leichter die Gemeinsamkeiten bestimmter Wortbausteine, und der Weg vom sicher gelesenen und geschriebenen Wort „Hose" zum noch nicht so geübten Wort „Dose" ist dann nicht mehr so weit.

Durch den spielerischen Umgang mit solchen Reimen lernen die Kinder zudem, dass Laute – oder, später in der Schule, auch Buchstaben – eine bedeutungsverändernde Funktion besitzen.

KUNTERBUNTE REIMEREI

K G

Die Kinder vervollständigen die folgenden Sätze:

- Ritze, Ratze, Riese, ich saß auf einer ... *(Wiese)*
- Tritze, Tratze, Treppe, die Braut hat eine ... *(Schleppe)*
- Sinke, Sanke, Soße, ein Loch hat meine ... *(Hose)*
- Minke, Manke, Mauer, auf dem Feld, da ist ein ... *(Bauer)*
- Pinke, Panke, Pedale, im Meer, da gibt es ... *(Wale)*
- Ditze, Datze, Dose, für Mama eine ... *(Rose)*
- Bitzi, Batzi, Buch, du trägst ein buntes ... *(Tuch)*
- Gitzi, Gatzi, Gänschen, wir machen jetzt ein ... *(Tänzchen)*
- Hitzi, Hatzi, Hitze, das Wetter find ich ... *(spitze!)*
- Kitzi, Katzi, Katze, der Hund hat auch 'ne ... *(Tatze)*
- Litzi, Latzi, Löwe, am Strand seh ich 'ne ... *(Möwe)*
- Nitzi, Natzi, Nuss, komm, gib mir einen ... *(Kuss)*
- Witzi, Watzi, Wecker, der Kuchen der schmeckt ... *(lecker)*

REIM-UHREN

K

Material: Tonkarton, Scheren, Musterklammern, kleine Bildkärtchen oder Aufkleber mit Abbildungen von Gegenständen bzw. Tieren, Kleber

Wir basteln Reim-Uhren! Dazu werden Kreise und für jede Uhr jeweils zwei Zeiger aus Tonkarton ausgeschnitten. Die Zeiger für die Minuten und Stunden sollten unterschiedlich lang sein. Mit einer Musterklammer werden diese Zeiger dann mittig an der Kreisscheibe befestigt, sodass sie sich drehen lassen. Anschließend werden anstelle der Ziffern kleine Bildkärtchen auf die Uhr geklebt. Dabei sollten immer jeweils zwei Bildkärtchen auf der Uhr Gegenstände oder Tiere abbilden, deren Namen sich reimen (also z. B. Affe/Giraffe, Rose/Hose, Floh/Klo, Nase/Vase, Ritter/Gitter, Land/Hand, Mütze/Pfütze, Riese/Wiese, Maus/Haus etc.). Es eignen sich auch gut kleine Aufkleber mit unterschiedlichen Dingen, wichtig ist auch hier nur, dass sie sich paarweise reimen. Die Bildkärtchen oder Aufkleber sollten nicht symmetrisch einander gegenüberliegend, sondern unregelmäßig verstreut auf die Uhr geklebt werden. Sind die Reim-Uhren fertig, dann kann jedes Kind auch für sich allein damit spielen: Ein Zeiger wandert auf ein bestimmtes Bild, und der andere zu dem dazu passenden „Reimbild".

ZAUBERER ZWICKELZWACK 2

K
G

Material: ein Zauberstab, ein Säckchen, Bildkarten mit Reimpärchen

Alle Kinder sitzen im Stuhlkreis. Eines der Kinder spielt den Zauberer Zwickelzwack und kreist mit dem Zauberstab über einem Säckchen. In dem Säckchen befinden sich Bildkarten mit Abbildungen von Gegenständen oder Tieren. Dabei ist es wichtig, dass die Spielleiterin für jede der Bildkarten in dem Säckchen eine weitere Bildkarte mit einem Gegenstand oder Tier, dessen Bezeichnung sich zu denjenigen in dem Säckchen reimt, bei sich zurückhält. Zu Beginn des Spiels rufen alle nun:

„Großer Zauberer Zwickelzwack,
zauber was aus deinem Sack!"

Der „Zauberer" holt daraufhin eine Bildkarte aus dem Säckchen hervor. Dann benennt er laut den darauf abgebildeten Gegenstand bzw. das Tier. Alle wiederholen dieses Wort und klatschen zugleich dessen Silben. Dann kommt die Bildkarte mit der Abbildung nach oben in die Kreismitte, und Zwickelzwack zaubert eine neue Karte aus dem Säckchen. Wenn die letzte Bildkarte aus dem Säckchen genommen wurde, spricht die Spielleiterin folgenden Reim:

„Zaubern kannst du nun nicht mehr,
denn der Sack ist völlig leer.
Ich steck jetzt schnell ein Wort hinein,
wer kennt dazu den richtigen Reim?"

Die Spielleiterin steckt nun die zuvor zurückgehaltenen, passenden Reimkarten nacheinander in das Säckchen. Sie spricht dabei jeweils laut aus, welche Bildkarte sie gerade hineinsteckt. Die Kinder beobachten sie dabei und suchen zugleich unter den in der Kreismitte liegenden Karten die dazu passende Reimkarte. Wer diese gefunden hat, darf sie ebenfalls in das Säckchen stecken.
Dieses Spiel ist in vereinfachter Form auch als Silbenspiel einsetzbar (siehe dazu „Zauberer Zwickelzwack 1", S. 19).

REIMWÜRFEL

K G

Material: ein größerer Blankowürfel, Stifte zum Bemalen des Würfels, 15 Bildkarten mit Reimwörtern

Zur Vorbereitung wird ein größerer Blankowürfel auf 5 seiner 6 Seiten mit folgenden Bildern bemalt: ein Hund, ein Haus, ein Hase, eine Hand und eine Hose. Die noch leere sechste Würfelseite stellt den Joker dar.

Dann werden die Bildkarten mit den Reimwörtern vorbereitet. Zu jedem der 5 Bilder auf dem Würfel gibt es 3 Reimkarten:

- Zu Hund: bunt, Mund, rund
- Zu Haus: Maus, Nikolaus, Blumenstrauß
- Zu Hase: Nase, Blase, Vase
- Zu Hand: Band, Land, Rand
- Zu Hose: Soße, Rose, Dose

Diese Bildkarten werden nun in der Mitte eines Tisches verteilt. Die Kinder sitzen am Tisch und würfeln nacheinander mit dem selbst angefertigten Würfel. Das dabei jeweils gewürfelte Bild wird laut aufgesagt (also z. B. „Hase"), und der Mitspieler, der es gewürfelt hat, darf sich aus den Bildkarten ein dazu passendes Reimwort heraussuchen (also z. B. die Abbildung mit der „Vase") und diese Karte an sich nehmen. Dann ist das nächste Kind an der

Reihe. Wer hingegen den Joker würfelt, darf sich eine Karte nach Wahl aus der Tischmitte nehmen und dann umgekehrt das dazu passende Reimbild auf dem Würfel benennen. Sind alle Bildkarten erwürfelt, endet das Spiel. Gewinner ist das Kind, das dann am meisten Karten vor sich liegen hat.

REIMPUZZLE

K G

Material: ein größeres Bild auf Karton, eine ebenso große Vorlage desselben Bildes, Bildkarten mit Reimpärchen, Schere, Kleber

Dieses Spiel benötigt etwas Vorbereitungszeit. Ein ansprechendes, größeres Bild auf Karton wird in mehrere Quadrate geschnitten, sodass sich ein Puzzle ergibt. Auf die Rückseite dieser Quadrate wird dann jeweils eine Karte eines Reimkartenpaars geklebt. Die dazu passenden zweiten Karten dieser Reimkartenpaare werden dagegen auf eine Vorlage desselben Puzzles aufgeklebt. Wichtig ist, dass diese Karten in der gleichen Anordnung auf die Vorlage geklebt werden wie die entsprechenden Karten auf der Rückseite des Puzzles selbst.
Die Kinder dürfen sich nun nacheinander jeweils ein Puzzleteil nehmen. Dann benennen sie das Bild, welches sich auf dessen Rückseite befindet, und suchen das dazu passende Reimkarten-Bild auf der Vorlage. Anschließend wird das Puzzleteil zunächst verdeckt (also mit dem Reimkarten-Bild nach oben) auf das entsprechende Quadrat der Vorlage gelegt. Sind alle Puzzleteile auf diese Weise zugeordnet worden, dann dürfen die Kinder sie umdrehen und das so fertiggestellte Motiv des Puzzles bewundern.

FINDE DAS PÄRCHEN!

K

G

Material: Bildkarten mit Reimpärchen

Die Kinder sitzen um einen Tisch, auf dem ein Kartenset mit Reimpärchen bereitgelegt ist. Dieses Set kann auch gut selbst gebastelt werden. Zunächst werden die Reimpaare auf den Karten mit den Kindern besprochen. Dann wird je ein Bild jedes Karten-Pärchens offen auf dem Tisch verteilt. Die dazu passenden zweiten Bildkarten werden dagegen umgedreht und auf einem Stapel auf dem Tisch platziert. Der Spielleiter deckt nun das erste Kärtchen des Stapels auf und benennt es. Die mitspielenden Kinder müssen jetzt so schnell wie möglich unter den auf dem Tisch ausliegenden Kärtchen das dazu passende finden. Wer es zuerst gefunden hat, bekommt das Karten-Pärchen.

FLASCHENDREHEN MIT REIMEN

K G

Material: Bildkarten mit Reimpärchen, eine Plastikflasche

Die Kinder sitzen im Stuhlkreis. Die Bildkarten werden in zwei Stapeln sortiert, und zwar so, dass das eine Bild jedes Karten-Pärchens in dem einen und das andere Bild in dem anderen Stapel liegt. Die Flasche wird in die Mitte des Kreises gelegt, und die Karten des einen Stapels werden rund um sie herum angeordnet. Die Karten des anderen Stapels werden an die Kinder verteilt.
Nun dürfen die Kinder nacheinander die Flasche in Drehung versetzen. Die Karte, zu der der Flaschenhals hinzeigt, wenn die Flasche zum Stillstand kommt, wird dann jeweils gemeinsam von allen betrachtet, und es wird überlegt, welches Kind die dazu passende zweite Karte besitzt. Dieses Kind darf die Karte dann aus dem Kreis nehmen und als Nächstes die Flasche drehen.

WER BIN ICH?

G

Material: Bildkarten

Die Kinder sitzen um den Tisch. Ein Kind nimmt nun eine der Bildkarten, die zuvor verdeckt auf dem Tisch ausgelegt wurden. Es zeigt diese Karte aber nicht den anderen Mitspielern, sondern beschreibt nur den darauf abgebildeten Gegenstand, ohne den eigentlichen Begriff dafür zu nennen. Die anderen Kinder haben nun die Aufgabe zu erraten, was auf der Karte abgebildet ist und gleichzeitig ein passendes Reimwort dazu zu finden.

DER VERGESSENE ZAUBERSPRUCH

G

Material: ein Zauberstab

Die Kinder sitzen im Stuhlkreis. Ein Kind erhält einen Zauberstab und stellt sich als Zauberer in die Kreismitte. Leider ist ihm aber das Zauberspruch-Buch verloren gegangen, und der „Zauberer" ist deshalb auf die Mithilfe der anderen Kinder angewiesen. Er spricht also den ersten Teil des Zauberspruchs:

„Ich verzaubere euch jetzt in … (z. B. Löwen),
…"

Nun sind die anderen Kinder dran. Nacheinander darf jeder einen Vorschlag machen, wie der Zauberspruch beendet werden könnte. Dabei darf es sich durchaus auch um Quatschreime handeln, wichtig ist nur, dass sich die Endungen der beiden Verszeilen reimen, also z. B.:

„Ich verzaubere euch jetzt in Löwen,
sirum, sarum, Söwen!"

Oder:

„ … ene, mene, Möwen!"

Der „Zauberer" geht dabei von einem zum andern und hört sich alle Vorschläge an. Ist ein Spruch dabei, der ihm besonders gut gefällt, dann schwingt er den Zauberstab und verwandelt alle Kinder in das Tier, das in der ersten Zeile des Spruchs vorkommt. Die anderen Mitspieler ahmen nun dieses Tier kurz nach, bis der „Zauberer“ „Stopp!“ ruft. Das Kind, das den besten Vorschlag gemacht, darf als Nächstes den Zauberer spielen.

LIPPENLESEN

G

Material: ein Zauberstab

Bei diesem Spiel geht es darum, sich einen Reim zu merken und beim Sprechen die Lautstärke der eigenen Stimme zu variieren. Dabei wird zusätzlich auch die Aufmerksamkeit und Konzentrationsfähigkeit gefördert, da die Kinder nur durch genaues Beobachten des Zauberers auf die richtige Lösung kommen können.

Alle Kinder sitzen im Kreis. Ein Kind erhält den Zauberstab und darf sich ein Tier ausdenken, in das es seine Mitspieler verwandeln will. Gemeinsam sprechen alle den folgenden Vers, wobei sie allmählich immer leiser reden.

„Der Zauberer ist heiser,
spricht immer, immer leiser:
‚Fliegendreck und Spinnenbein,
ihr sollt alle ... (z. B. Katzen) sein!'"

In der letzten Zeile wird nach dem Wort „alle" eine Pause gemacht. Jetzt ist der „Zauberer" an der Reihe und ahmt mit dem Mund stumm das Wort für das Tier nach, in das er die anderen verwandeln möchte. Die anderen Mitspieler versuchen zu erraten, um welches Tier es sich dabei handelt. Bei falschen Antworten schüttelt der „Zauberer" den Kopf. Wurde die richtige Lösung gefunden, dann schwingt er den Zauberstab, und alle anderen werden in das entsprechende Tier verwandelt und ahmen es nach. Der Zauber wird beendet, wenn das Kind mit dem Zauberstab an seinen Stuhl klopft und den Stab anschließend an einen anderen Spieler weitergibt.

Variante:
Das Spiel „Lippenlesen" kann auch mit dem bekannten Spiel „Mein rechter, rechter Platz ist leer ..." kombiniert werden. Auch dabei wird der Name des Kindes, das den Platz wechseln soll, nicht laut ausgesprochen, sondern nur mit dem Mund nachgeahmt.

RÄTSEL MIT REIMWORTPAAREN

G

„Ein Tier fliegt am Himmel seine Kreise,
das andere ist stark, brüllt laut und nicht leise."
(Möwe/Löwe)

„Das eine ist mit Geld gefüllt,
das andere Milch und Tee umhüllt."
(Kasse/Tasse)

„Das eine kannst du mit den Haaren machen,
in dem andern kochst du leck're Sachen."
(Zopf/Topf)

„Das eine hat Dornen, spitz und fein,
das andere trägst du nur am Bein."
(Rose/Hose)

„Das eine brauchst du zum Trocknen und Putzen,
das andere kannst du zum Lesen benutzen."
(Tuch/Buch)

„Mit dem einen spielst du und hältst es im Arm,
das andere ist flüssig, schmeckt kalt und auch warm."
(Puppe/Suppe)

„Auf das eine stellst du Kaffee und Kuchen,

das andere kannst du im Meer besuchen."
(Tisch/Fisch)

„Das eine ist das männliche Huhn,
das andere hat im Mund viel zu tun."
(Hahn/Zahn)

„Das eine braucht die Hexe zum Brauen,
ins andere setzt du dich, um Fernsehn zu schauen."
(Kessel/Sessel)

„Wenn dir kalt ist, hält das eine dich warm,
das andere ist ein Tier und ziemlich lahm."
(Decke/Schnecke)

FALSCH GEREIMT!

K

Der Spielleiter liest folgende Lügengeschichte vor, in die sich falsche Reimwörter eingeschlichen haben. Die Kinder müssen genau zuhören, um die Fehler zu entdecken, und falsche gegen richtige Reimwörter austauschen.

„Neulich war ich sehr krank und musste im *Brett (Bett)* bleiben, denn ich hatte einen schlimmen Husten und war ganz schön *verzupft (verschnupft).* Da hörte ich plötzlich einen *Mund (Hund)* laut bellen. Schnell stand ich auf und zog mir eine *Rose (Hose)* und dicke *Pocken (Socken)* an, um nachzusehen. Draußen sah ich aber nur einen schwarz-weißen *Vater (Kater),* der sich schnell hinter dem *Dosenstrauch (Rosenstrauch)* versteckte.

Müde beschloss ich, zurück ins Haus zu gehen. Da trat ich mit meinem dicken *Reh (Zeh)* in einen alten, rostigen *Spargel (Nagel).* Und als ob das noch nicht schlimm genug gewesen wäre, merkte ich in diesem Moment, dass ich den *Rüssel (Schlüssel)* für die Tür im Haus vergessen hatte.

Da hörte ich plötzlich die *Socken (Glocken)* von der Kirchturmuhr läuten. Verwundert schaute ich mich um: Ich war im *Schafzimmer (Schlafzimmer)* und lag im *Brett (Bett)* unter meiner warmen, kuscheligen *Schnecke (Decke).* Zum Glück war alles nur ein böser *Baum (Traum)* gewesen!"

TRIFF DIE KARTE!

K

Material: Bildkarten mit Reimpärchen, ein kleines Spielzeugauto

Die Bildkarten werden gemischt und mit der Bildseite nach vorne an eine Wand gelehnt.
Die Kinder dürfen nun abwechselnd versuchen, mit einem kleinen Spielzeugauto zwei vom Reim her zusammenpassende Karten so „anzufahren", dass sie umfallen. Das Kind, dem dies jeweils gelingt, darf sich das entsprechende Kartenpärchen nehmen.

DIE MURMEL ZIEHT IHRE KREISE

K

Material: viele Bildkarten, ein Gymnastikreifen, eine Murmel

Für dieses Spiel werden viele Bildkarten benötigt. Diese werde außen an einen Gymnastikreifen gelegt, sodass sich rundherum um den Reifen überall Karten befinden. In den Reifen wird eine Murmel gelegt, die nun nacheinander von den Kindern angetippt werden darf. Die Reimkarte, welche sich außen am Reifen an der Stelle befindet, an der innen die Murmel liegen bleibt, darf dann betrachtet werden. Alle Kinder versuchen nun, ein passendes Reimwort zu dem auf der Karte abgebildeten Gegenstand zu finden.

PARTNERSUCHE

K
G

Material: Bildkarten mit Reimpärchen

Dieses Spiel bietet sich an, wenn man z. B. für ein anderes Gruppenspiel Partner finden muss.
Die Bildkarten mit den Reimpärchen werden an die Kinder verteilt, und zwar eine Karte pro Kind. Dann gehen alle im Raum umher und sprechen den Begriff für den Gegenstand, der auf ihrer Karte abgebildet ist, laut vor sich hin. Gleichzeitig müssen sie aber auch versuchen, auf die Rufe der anderen Kinder zu achten, um auf diese Weise das Kind mit der passenden zweiten Reimkarte zu finden.

K
G

REIMSTAFFELLAUF

Material: Bildkarten mit Reimpärchen

Dieses Spiel ist für draußen geeignet, aber auch für die Turnhalle. Zur Vorbereitung hat der Spielleiter bereits die Reimkartenpaare auseinandersortiert und jeweils eine Karte jedes Paares in der Turnhalle oder draußen versteckt. Dann werden die Kinder in zwei Gruppen aufgeteilt, und jede Gruppe bekommt einen gleich großen Stapel mit den anderen Karten der Reimpaare.
Die Kinder stellen sich nun in zwei Reihen auf, das erste Kind in jeder Reihe deckt die erste Karte seines Gruppen-Stapels auf und rennt damit los, um das dazu passende zweite Reimkärtchen zu finden. Falls das Kind nicht weiß, welche Karte dazu passt, dürfen die anderen aus der Gruppe ihm natürlich helfen. Sobald das Kind das passende Bild im Garten oder in der Turnhalle gefunden hat, rennt es mit diesem zurück, und das nächste Kind aus der Gruppe darf eine weitere Karte vom Stapel aufdecken und damit losrennen. Die Gruppe, deren Stapel zuerst weg ist, hat gewonnen.

LUFTBALLONREIME

K

Material: ein Luftballon pro Kind, Bilder auf dünnem Papier mit Reimpärchen, Kleber

Dieses Spiel ist für die Turnhalle geeignet. Jedes Kind bekommt einen aufgeblasenen Luftballon, auf den eines der zwei Bilder eines Reinkartenpärchens geklebt wurde. Das dazugehörige zweite Bild dieses Reimkartenpaares klebt an der den Kinder gegenüberliegenden Turmhallenwand.

Die Kinder sollen nun die Turnhalle durchqueren und dabei den Luftballon ständig mit dem Finger hochtippen, sodass er stets in der Luft bleibt. An der gegenüberliegenden Wand angekommen, dürfen sie den Luftballon festhalten, das zu ihrem Bild passende Reimbild von der Wand nehmen und auf ihren Luftballon kleben. Dann geht es auf dem gleichen Weg und auf die eben geschilderte Weise wieder zurück.

REIMEWERFEN

K

G

Material: leere Dosen oder Becher, Bilder auf dünnem Papier mit Reimpärchen, Kleber, kleine Bälle zum Werfen

Zur Vorbereitung werden die Reimpaar-Bilder einzeln auf leere Dosen oder Becher geklebt. Dann werden diese Behälter nebeneinander in einer Reihe auf eine Bank oder Ähnliches gestellt.

Die Kinder sollen nun, eines nach dem anderen, versuchen, mit den Bällen immer die zwei Dosen bzw. Becher mit den zueinander passenden Reimbildern zu treffen, um auf diese Weise die Reimpärchen zu sammeln.

PLATZWECHSEL

K G

Material: ein Gymnastikreifen, ein Ball

Dies ist ein Spiel für den Turnraum. In der Mitte des Turnraums steht eines der Kinder in einem Gymnastikreifen. Es hält einen Ball in der Hand. Alle anderen Kinder bilden einen großen Kreis um das in der Mitte stehende Kind. Nun ruft der Mitspieler im Gymnastikreifen ein Wort in den Raum, also z. B. „Haus!" Dann wirft er den Ball einem Kind im Außenkreis zu. Dieses Kind versucht jetzt, einen passenden Reim zu dem genannten Wort sagen, also z. B. „Maus!"

Fällt dem Kind im Außenkreis ein passendes Reimwort ein, dann tauscht es mit dem Kind in der Mitte den Platz. Wenn es jedoch kein passendes Wort findet, dann wirft es den Ball zurück zur Mitte. Das Kind in der Mitte wiederholt nun das von ihm genannte Wort und wirft den Ball einem anderen Mitspieler zu.

SPIELE ZUR LAUT-ERKENNUNG

In der Grundschule bekommen die Kinder mit der Anlauttabelle und den darauf auch visuell dargestellten Buchstaben die Möglichkeit, sehr früh selbstständig schreiben zu üben. Dazu müssen sie aber auch in der Lage sein, die Laute eines Wortes, wie z.B. bei „Oma", sicher herauszuhören. Gerade das genaue Identifizieren von klangähnlichen Lauten, die sich z.B. durch das Merkmal „stimmhaft/stimmlos" unterscheiden (z .B. bei F/W), stellt sie jedoch oft vor ein Problem. Des Weiteren ist die von den Kindern geforderte Analyse der einzelnen Laute ein abstrakter Prozess.

Um ihnen für die neuen Anforderungen in der Schule eine gute Basis zu bereiten, ist es daher sinnvoll, bereits im Kindergartenalter mit der Förderung der Fähigkeit zum Heraushören von Lauten zu beginnen. Durch die im Folgenden angebotenen Spiele bekommen die Kinder eine Idee davon, was ein Laut eigentlich ist. Dies erleichtert ihnen die spätere Laut-Buchstabenzuordnung. Die zukünftigen Erstklässler bekommen so ein Grundwissen, an welches sie in der Schule anknüpfen können.

Grundsätzlich ist es für die Kinder zunächst leichter, den ersten Laut (also den Anlaut) herauszuhören, vor allem dann, wenn es sich um Fließlaute (sog. Frikative; z. B. „Fffffflugzeug") handelt, oder lange Vokale, die verlängert ausgesprochen werden können (z. B. „Oooooma").

WAS PASST ZU MIR?

K

Material: Gegenstände, deren Bezeichnungen mit dem gleichen Anlaut beginnt wie die Namen der Kinder, oder Bildkarten (4 bis 5 pro Kind)

Die Kinder sitzen am Tisch oder auf dem Boden. Die Spielleiterin hat vor Beginn des Spiels Gegenstände in die Mitte gelegt, deren Bezeichnungen mit dem gleichen Anlaut beginnt wie die Namen der Kinder, oder Bildkarten, auf denen solche Gegenstände abgebildet sind. Für jedes Kind sollten 4 bis 5 auf diese Weise passende Gegenstände oder Bildkarten vorhanden sein.
Alle Kinder überlegen nun zuerst, mit welchem Laut ihr Name beginnt. Danach nehmen sie nacheinander einen Gegenstand oder eine Bildkarte aus der Mitte und benennen ihn bzw. die Abbildung auf der Karte. Sie überlegen, wer von ihnen in seinem Namen den gleichen Anlaut hat wie der eben gezogene Gegenstand bzw. seine Abbildung auf der Karte. Das betreffende Kind darf dann diese Bildkarte oder diesen Gegenstand vor sich legen.

HÖRST DU EIN ...?

K G

Material: eine Tischklingel, Bildkarten

Für dieses Spiel braucht man eine Tischklingel, wie sie z.B. in dem Spiel Halli Galli® zu finden ist. Außerdem benötigt man noch einen Stapel mit Bildkarten, der ebenfalls auf den Tisch gelegt wird, und zwar mit den Bildseiten nach unten. Die mitspielenden Kinder sitzen um den Tisch herum, sodass jeder die Klingel gut erreichen kann. Die Spielleiterin sagt laut einen Buchstaben, z.B.: „A". Dann deckt sie die erste Bildkarte auf und benennt das darauf zu sehende Bild mit der Frage: „Hört Ihr ein A in ...?" Haben die Kinder ein A in dem genannten Wort gehört, müssen sie die Klingel drücken. Ist ihre Vermutung richtig, dann bekommt das Kind die Karte, dessen Hand am schnellsten an der Klingel war.

BILDKARTENFISCHEN

K

Material: kleine Bildkarten in der doppelten Anzahl, wie Mitspieler vorhanden sind

Dieses Spiel funktioniert ähnlich wie das bekannte Tischspiel „Ich hab gefischt, ich hab gefischt, und hab erst einen Fisch erwischt!". Zunächst werden kleine Bildkarten in der doppelten Anzahl, wie Mitspieler vorhanden sind, auf den Tisch gelegt. Dann strecken die Kinder ihre Hände in die Tischmitte und verdecken mit ihrer rechten und linken Hand jeweils eine Bildkarte. Der Spielleiter übernimmt die Rolle des Fischers und sagt den Spruch:

„Ich hab gefischt, ich hab gefischt,
und hab erst eine Bildkarte erwischt!"

Während er den Spruch sagt, kreist er mit einer Hand über den Händen der Kinder. Bei dem Wort „erwischt" schnellt seine kreisende Hand nach unten und versucht, einen „Fisch" (d. h. die Hand eines Kindes) zu fangen. Die Kinder versuchen natürlich, schnellstmöglich ihre Hände wegzuziehen. Das Kind, dessen Hand gefangen wurde, deckt die Bildkarte auf, die unter dieser Hand liegt, und benennt, was dort zu sehen ist. Es sagt also z. B.: „Ich sehe eine Tasse, und die fängt mit T an." Alle wiederholen: „T wie Tasse".

Das Spiel wird fortgeführt, bis nur noch eine Hand übrig ist. Das Kind, dem diese Hand gehört, ist der Gewinner und darf der neue „Fischer“ sein.

K

EIN BILDERBUCH BETRACHTEN – MAL ANDERS

Material: ein Bilder- oder Wimmelbuch, kleine Steinchen oder Muggelsteine

Die Spielleiterin schaut mit den Kindern ein Bild in einem Bilderbuch oder einem Wimmelbuch an. Sie erklärt den Kindern, dass sie auf dem Bild etwas sieht, was z. B. mit einem A beginnt. Die Kinder suchen nun gemeinsam auf dem Bild ein Motiv heraus, auf das dies zutrifft, und legen ein Steinchen oder einen Muggelstein darauf. Dann dürfen sie selbst der Reihe nach einen Laut nennen, und die anderen suchen nun nach einem passenden Motiv. Falls den Kindern die Bestimmung des Anlauts noch zu schwerfällt, übernimmt die Spielleiterin die gesamte Moderation.

LANGE ODER KURZE SCHLANGE?

K

G

Material: Knetmasse

Bei diesem etwas anspruchsvolleren Spiel sitzen die Kinder am Tisch und formen aus Knetmasse eine lange Rolle.

Die Spielleiterin spricht den Kindern nun eine Silbe vor, die mit einem Vokal beginnt (z. B. „Om"). Sie spricht diesen Vokal dabei entweder lang oder kurz aus. Die Kinder überlegen nun gemeinsam, ob das O in diesem Fall lang oder kurz ist und formen dann entsprechend eine lange oder eine kurze Knete-Schlange.

REGEN ODER SONNE?

K G

Material: ein größeres Blatt Papier, Buntstifte

Bei diesem etwas anspruchsvollen Spiel sollen die Kinder heraushören, ob ein Vokal in einem Wort lang oder kurz gesprochen wird. Während z. B. das O bei „Oma" lang ist, ist es bei „ob" kurz. Noch deutlicher wird die Unterscheidung bei dem Vokal E: Ruft man z. B. einen Jungen namens „Emil", ist das E in seiner vollen Länge zu hören. Anders verhält es sich dagegen bei der „Ente". Hier wird das E als kurzer Vokal gesprochen und daher von den Kindern häufig gar nicht als E wahrgenommen.
Die Kinder sitzen im Kreis. Der Spielleiter berichtet ihnen, dass sie nun zusammen eine Wettervorhersage erstellen wollen, und dass die kleinen Wetterfrösche durch die Länge ihrer Laute bestimmen, ob es regnen wird oder ob die Sonne scheinen wird. Er erklärt dabei auch, dass manche Laute sowohl kurz als auch lang gesprochen werden können. Dazu stellt er die Laute auf folgende Weise vor: Gemeinsam mit der Gruppe überlegt er, womit die Wörter „Otter", Oma", „Ananas", „Ameise", „Ulli", „Uhr", „Insel", „Ina", „Ente" und „Emil" beginnen. Sind die Kinder noch jünger, dann reicht es zunächst auch aus, wenn sich die Gruppe auf eine Auswahl von zwei Vokalen konzentriert.

Konnten die Kinder die Unterschiede bei den Vokalen heraushören, dann weist der Spielleiter sie darauf hin, wo es sich um die lange und die kurze Version des Vokals handelt.
Nun zeigt der Spielleiter den Kindern ein vorbereitetes größeres Blatt Papier, auf dem eine Sonne ohne Sonnenstrahlen und eine Regenwolke zu sehen sind. Dann spricht er den Kindern einen isolierten Vokal in der kurzen oder der langen Version vor. Die Kinder überlegen gemeinsam, um welche Vokallänge es sich jeweils handelt. Falls der Spielleiter einen kurzen Vokal gesprochen hat, malt eins der Kinder einen kurzen Strich unter die Regenwolke, bei einem langen Vokal malt es einen langen Sonnenstrahl an die Sonne.

BITTE EINSTEIGEN!

K

Material: ein großes Blatt Papier und Malstifte oder ein Spielzeugzug, kleine Steinchen oder Spielfiguren

Bei diesem Spiel geht es darum, die Position eines Lautes innerhalb eines Worts zu erkennen, d. h., die Kinder sollen entscheiden, ob sie einen vorgegebenen Laut zu Beginn oder am Ende eines Wortes hören. Als Vorbedingung dafür sollten sie aber bereits in der Lage sein, den ersten Laut in einem Wort sicher zu bestimmen, was mit den vorangegangenen Spielen geübt werden kann.

Zur Vorbereitung malt die Spielleiterin einen Zug mit einer Lok und zwei Anhängern auf ein großes Blatt Papier. Falls ein richtiger Spielzeugzug vorhanden ist, kann natürlich auch dieser verwendet werden. Dann erklärt die Spielleiterin, dass das Wort „Oma" mit O anfängt, aber mit A aufhört. Um dies zu verdeutlichen, legt sie ein Steinchen oder eine Spielfigur in die Lok und in den letzten Waggon des Zuges bzw. auf die Zeichnung davon.

Als Nächstes dürfen die Kinder überlegen, womit der Name „Eli" beginnt. Wenn sie es herausgefunden haben, legen sie ein Steinchen oder eine Figur für das E in bzw. auf die Lok. Danach spricht die Spielleiterin den Namen „Eli" nochmals sehr deutlich aus und verlängert dabei den letzten Laut. Sie fragt die Kinder nun, womit das Wort „Eli" wohl aufhört. Die Kinder überlegen wieder gemeinsam und legen ein Steinchen oder eine Spielfigur für den Laut l in bzw. auf den letzten Waggon. Auf die gleiche Weise wird z. B. mit den Wörtern „Opa, „Lea", „Ole", „Leo" usw. verfahren.

AUF DIE LEITER ...

K

Das folgende Lied wird nach der Melodie und dem Prinzip von „Auf der Mauer, auf der Lauer" gesungen. D.h., in jeder Strophe wird bei den Wörtern „Maler" und „malen" ein weiterer Buchstabe weggelassen, bis die Wörter schließlich ganz wegfallen. An dieser Stelle wird dann beim Singen eine Pause gemacht.

„Auf die Leiter, immer weiter, steigt der schnelle *Maler.*
Auf die Leiter, immer weiter, steigt der schnelle *Maler.*
Seht euch mal den *Maler* an, wie der *Maler malen* kann!
Auf die Leiter, immer weiter, steigt der *schnelle Maler.*"

„Auf die Leiter, immer weiter, steigt der schnelle *Male.*
Auf die Leiter, immer weiter, steigt der schnelle *Male.*
Seht euch mal den *Male* an, wie der *Male male* kann!
Auf die Leiter, immer weiter, steigt der schnelle *Male.*"

„Auf die Leiter, immer weiter, steigt der schnelle *Mal.*
Auf die Leiter, immer weiter, steigt der schnelle *Mal.*
Seht euch mal den *Mal* an, wie der *Mal mal* kann!
Auf die Leiter, immer weiter, steigt der schnelle *Mal.*"
usw.

ALLE KINDER SIND SCHON DA!

K

Bei diesem Spiellied haben die Kinder die Aufgabe, herauszufinden, ob sich im eigenen Vornamen ein bestimmter Laut befindet. Das Lied wird zur Melodie von „Alle Vögel sind schon da“ gesungen.

„Alle Kinder sind schon da,
alle Kinder, alle!
Und jeden, der jetzt gleich entdeckt,
ob sich ein ... (z. B. A) in ihm versteckt,
laden wir zur Mitte ein,
Jungen, Mädchen, Groß und Klein!“

Die Kinder stehen im Kreis. Beim Singen setzt die Spielleiterin oder eines der Kinder jeweils einen anderen Laut in die vierte Zeile ein. Alle Mitspieler, die denken, dass dieser Laut in ihrem Namen vorkommt, dürfen in die Kreismitte gehen. Nacheinander nennt dort jeder seinen Namen, und gemeinsam wird überlegt, ob alle recht gehabt haben. Dann wird eine neue Runde mit einem anderen Laut gestartet.

T WIE TIGER

K

Material: Bildkarten

Alle Kinder sitzen im Stuhlkreis. In der Mitte liegen Bildkarten mit Tieren und/oder Gegenständen, und zwar mit der Bildfläche nach oben. Nun nennt das erste Kind seinen Namen, sagt also z.B.: „Ich heiße Tara." Alle wiederholen „Tara", und dann erklärt die Spielleiterin: „Tara fängt mit T an. Was fängt noch mit T an, wie Tara?" Die Kinder suchen nun unter den Bildkarten in der Kreismitte solche, auf denen der abgebildete Gegenstand oder das abgebildete Tier ebenfalls mit T beginnt. Ist von einem der Kinder eine richtige Bildkarte benannt worden, z.B. eine mit einem Tiger, darf Tara diese Karte aus der Mitte holen. Dann werden die beiden Wörter mit den gleichen Anlauten nochmal von allen benannt: „Tara – Tiger."

Variante:

Bei den schon etwas älteren Kindern können die Bildkarten auch nacheinander im Kreis herumgegeben werden. Wenn dann ein Kind glaubt, eine Bildkarte gefunden zu haben, bei der der Gegenstand oder das Tier mit demselben Anfangsbuchstaben beginnt wie der eigene Name, dann ruft dieses Kind laut „Stopp!"

BELLO, BELLO, DEINE BILDKARTE IST WEG!

K

Material: Bildkarten

Dieses Spiel wird nach dem Muster des bekannten Spiels „Bello, Bello, dein Knochen ist weg!" gespielt. Die Kinder sitzen im Kreis. Ein Kind zieht nun eine Bildkarte und nennt laut den Gegenstand bzw. das Tier, das darauf zu sehen ist. Es sagt also z. B.: „Ich sehe ein Haus." Dann bestimmen alle gemeinsam den Anfangslaut dieses Wortes, also z. B. „H wie Haus." Das Kind, das die Karte gezogen hat, legt sich nun in der Kreismitte auf den Bauch, den Kopf auf die Hände gestützt, die Augen geschlossen. Die von ihm gezogene Karte legt es dabei vor sich hin.
Der Spielleiter bestimmt jetzt still durch Handzeichen, wer den Dieb spielen und die Karte stibitzen darf. Auf leisen Sohlen entfernt der Dieb die Bildkarte, geht auf seinen Platz im Kreis zurück und versteckt die Karte hinter seinem Rücken. Alle anderen nehmen ebenfalls ihre Hände hinter den Rücken und rufen dann laut: „ Bello, Bello, deine Bildkarte ist weg!" Nun geht „Bello" auf allen Vieren von Kind zu Kind, bellt jeden an und fragt: „Hast du mein ... (z. B. H) wie ... (z. B. Haus)?" Wenn „Bello" dabei den Dieb vor sich hat, dann muss dieser die Bildkarte wieder herausrücken, darf aber dafür in der nun folgenden nächsten Runde der neue „Bello" sein.

HEX HEDE

K

Material: aus dickem Karton ausgeschnittene und laminierte Buchstaben, ein Kochtopf, ein Kochlöffel

Alle Kinder sitzen im Stuhlkreis. Ein Kind befindet sich in der Kreismitte und rührt mit einem Kochlöffel in einem Kochtopf. Darin befinden sich die laminierten Buchstaben. Alle Kinder rufen dazu immer wieder den folgenden Hexenspruch:

„Ene, mene, hatsch und bratsch,
Hex Hede macht Buchstabenmatsch!"

Dann ruft ein zuvor ausgewähltes Kind „Stopp!". Die Hexe hört nun auf zu rühren und zieht zwei Buchstaben aus dem Topf. Diese werden durch die Spielleiterin benannt. Alle Kinder, deren Namen mit einem dieser beiden Buchstaben beginnen, dürfen nun ihre Plätze im Stuhlkreis tauschen. Dann beginnt das Spiel mit einer anderen „Hexe" von Neuem.

DER KÖNIG DES BUCHSTABENLANDES

K

Material: eine „Schatzkiste" oder ein Säckchen, Muggelsteine

Die Kinder sitzen im Stuhlkreis. Ein Kind spielt den König, sitzt daher auf einem Stuhl in der Kreismitte und erhält die „Schatzkiste" mit den Muggelsteinen darin. Der König ist sehr reich und möchte deshalb heute einige Bewohner seines Landes beschenken. Die im Kreis sitzenden Kinder rufen:

„König, König, wem willst du was geben?"

Der König antwortet:

„Hmmm, da muss ich überlegen ...
Heut' beschenke ich mal jedermann,
bei dem ein ... (z. B. A) ich hören kann!"

Nun dürfen alle Kinder, die der Meinung sind, dass ihr Name diesen Laut enthält, zum König kommen und ihren Namen sagen. Jedes Kind, das mit seiner Vermutung richtig liegt, bekommt vom König einen Muggelstein aus der „Schatzkiste" geschenkt. Die Spieler nehmen ihr Geschenk an sich und setzen sich zurück auf ihre Stühle im Kreis. Auf diese Weise wird das Spiel mit verschiedenen Buchstaben fortgesetzt. Nach drei Runden darf der König ein anderes Kind bestimmen, das seine Rolle übernimmt.

Am Ende des Spiels legen alle ihre Muggelsteine zurück in die „Schatzkiste" und überlegen noch einmal, welche Laute sich der König ausgesucht hat.
Bei diesem Spiel gibt es keine Gewinner, auch nicht die Kinder, die die meisten Steine erhalten haben. Denn da es ja verschieden lange Namen gibt, wäre das nicht fair.

DER MAGISCHE ZAUBERSTAB

K

Material: ein Zauberstab

Bei diesem Spiel geht es darum, dass die Kinder die Anlaute in den Vornamen der anderen Mitspieler erkennen, um mit den gleichen Anlauten einen Tiernamen zu bilden. So passt z. B. zu „Anna" das Wort „Affe", zu „Ben" „Bär" etc. Bevor das Spiel beginnt, sollte der Spielleiter den Kindern dieses Prinzip an einigen Beispielen deutlich machen, indem er z. B. sagt: „Mit welchem Laut fängt ‚Niklas' an? Kennt ihr ein Tier das auch mit N anfängt?"

Und so wird das Spiel dann gespielt: Die Kinder sitzen im Kreis. Einer der Mitspieler übernimmt die Rolle des Zauberers und erhält den Zauberstab. Er geht im Kreis herum und tippt dabei die anderen Kinder vorsichtig mit dem Stab an. Dazu spricht er folgenden Vers:

„Ene, mene, grüne Mandeln,
dieser Stab hier kann verwandeln.
Noch 8 Schritte gehn,
und dann bleib ich stehn.
1, 2, 3, 4, 5, 6, 7, 8,
aus ... (z. B. Tim), da wird ein ... (z. B. Tiger) gemacht!"

Das auf diese Weise verzauberte Kind geht nun in den Kreis und ahmt das Tier nach, in das es verzaubert wurde. Der Zauber wird erst gelöst, wenn der „Zauberer" den folgenden Spruch sagt:

„Tip und tap, welch großes Glück,
unser/e … (z. B. Tim) ist nun zurück!"

Das vom Zauber erlöste Kind erhält nun den Zauberstab, übernimmt die Rolle des Zauberers, und das Spiel beginnt von vorne.

Hinweis:

Bei diesem Spiel geht es nur um die Laute, nicht um die Buchstaben. So wird hier z. B. bei dem Namen „Christian" kein Tier mit dem Buchstaben C gesucht, sondern eines mit K, also z. B. eine Katze.

ICH SEHE WAS, WAS DU NICHT SIEHST ...

K

Das Spiel wird genauso gespielt wie das bekannte „Ich sehe was, was du nicht siehst ...“, nur wird es hier zum Anlautspiel umfunktioniert. Daher wird hier nicht die Farbe des gesuchten Gegenstandes als Tipp gesagt, sondern dessen Anfangslaut. Ein Kind sagt also:

> „Ich sehe was, was du (ihr) nicht siehst (seht), und das fängt mit ... (z. B. M) an!“

Die anderen Kinder versuchen nun zu erraten, um welchen Gegenstand im Gruppenraum es sich handelt, z. B. M für „Mobile“. Wer richtig geraten hat, darf sich als Nächster einen Gegenstand aussuchen und den Tippgeber spielen.

DER VERSTECKTE LAUT

K
G

Bei diesem etwas anspruchsvollen Spiel geht es darum, Laute aus verschiedenen Tierbezeichnungen herauszuhören. Dazu sitzen alle im Kreis. Dann wird von der Spielleiterin folgender Vers gesprochen:

„Das ... (z.B. E), das spielt Verstecken,
wer kann es entdecken?"

Die Kinder überlegen, in welchen Tiernamen der gesuchte Laut vorkommt, und rufen ihre Lösungsvorschläge in den Kreis, also z.B. „Esel!", „Elefant!", „Pferd!" usw. Haben die Kinder ein passendes Wort entdeckt, dann wird von allen folgender Vers gesprochen:

„Im ... (z.B. Esel) wars verschwunden,
wir haben es gefunden!"

Dann dürfen alle Kinder das entsprechende Tier nachahmen, und das Spiel beginnt von vorn.

Variante:

Es können auch die Laute in Vornamen, in Obstsorten usw. gesucht werden.

DIE SCHIFFSREISE

K

Material: eine größere Decke

Die Kinder sitzen im Stuhlkreis. Ein Kind spielt den Kapitän und sitzt in der Kreismitte auf einer größeren Decke. Es denkt sich ein beliebiges Tier aus und sagt dann:

„Mitfahren darf nun jedes Kind,
das so wie ein ... (z.B. Bär) beginnt!"

Nun müssen die anderen Kinder den Anlaut ihrer eigenen Namens mit dem des Tieres vergleichen, das vom Kapitän genannt wurde. Wurde also z.B. der Bär genannt, so dürfen alle Kinder, deren Namen mit einem B beginnt, zum Kapitän aufs Schiff, d.h. auf die Decke kommen. Der Kapitän prüft nun mithilfe der übrigen Kinder, ob seine Mitreisenden auch wirklich den richtigen Anlaut haben oder ob sich vielleicht ein „blinder Passagier" eingeschlichen hat. Ist das der Fall, so geht dieser „blinde Passagier" wieder auf seinen Platz zurück und wartet dort, bis ein Tier mit dem gleichen Anfangsbuchstaben wie sein eigener Name genannt wird. Danach wird das Spiel fortgesetzt.
Im Verlauf des Spiels wird es auf dem Schiff voller und voller, und alle Mitreisenden müssen aufpassen, dass sie nicht vom Schiff, d.h. von der Decke her-

unterfallen. Ist schließlich wirklich kein Platz mehr frei, dann wird das Schiff „geleert", und alle kehren auf ihre Plätze zurück.

ICH RUF EIN ...!

G

Dieses etwas anspruchsvolle Namensspiel beschäftigt sich mit der Lautsynthese, also dem Zusammenführen einzelner Laute zu einem Wort. Es geht darum, einen Vornamen in seine einzelnen Buchstaben zu zerlegen. Die Spielleiterin gibt dazu die einzelnen Laute vor, und die Kinder wiederholen diese. Am Schluss soll der Name von den Kindern wieder zusammengesetzt werden.

Spielleiterin: „Ich ruf ein L!"
Kinder: „L!"
Spielleiterin: „Ich ruf ein E!"
Kinder: „E!"
Spielleiterin: „Ich ruf ein N!"
Kinder: „N!"
Spielleiterin: „Ich ruf ein A!"
Kinder: „A!"
Spielleiterin: „L-E-N-A!"
Alle zusammen: „Dieses Kind ist uns bekannt, wer von uns wird so genannt? Es ist: Lena!"

Wichtiger Hinweis:
Bei diesem Spiel geht es nur um die Laute und nicht um die Buchstaben. Das ist vor allem bei den Namen wichtig, die anders geschrieben als ausgesprochen werden. „Philipp" wird also so lautiert: F- I- L-I- P.

OBSTSALAT

K G

Bei diesem Spiel geht es darum, dass die Kinder einen bestimmten Laut innerhalb eines Wortes erkennen, z. B. das A in „Banane". Alle Kinder sitzen im Stuhlkreis. Dann spricht der Spielleiter folgenden Reim:

„Die ... (z. B. Banane) hat das ... (z. B. A) im Bauch,
das haben andere Früchte auch, wie ..."

Der Spielleiter nennt am Ende der zweiten Zeile Früchte, die ebenfalls den Laut A enthalten, z. B. „Mango", „Mandarine", „Stachelbeere" etc. Dann fügt er einen nicht dazu passenden Begriff ein, wie z. B. „Zitrone".
Wenn die Kinder glauben, das falsche Wort erkannt zu haben, dann rufen sie laut „Stopp!" Liegen sie damit tatsächlich richtig, so ruft der Spielleiter: „Obstsalat", und alle tauschen schnell ihre Plätze. Danach beginnt eine neue Runde mit einem anderen Wort und Buchstaben. Haben sich die Kinder dagegen geirrt, dann wiederholt der Spielleiter den Begriff noch einmal, und das Spiel wird fortgesetzt.

WAS IST ES?

K G

Material: etwa 10 verschiedene, kleine Gegenstände aus dem Gruppenraum (z. B. Schere, Baustein, Löffel etc.) oder Karten mit darauf abgebildeten Gegenständen (z. B. aus einem Gesellschaftsspiel), ein Tuch

Bei diesem Anlautspiel werden die Gegenstände bzw. Karten für alle sichtbar in die Mitte des Stuhlkreises gelegt. Dann wird ein Kind bestimmt, das kurz den Raum verlässt. Währenddessen darf ein anderer Mitspieler einen Gegenstand oder eine Karte unter das Tuch legen. Gemeinsam wird dabei überlegt, mit welchem Laut dieser Gegenstand bzw. das auf dieser Karte Abgebildete beginnt. Nun wird das Kind, das draußen gewartet hat, zurück in den Gruppenraum gerufen. Die anderen sprechen dazu gemeinsam den folgenden Vers:

„Der/Die ... (Name des Kindes) hat was ausgeheckt
und etwas unterm Tuch versteckt.
Mit ... (den Anlaut des Gegenstandes nennen) gehts los,
was ist es bloß?"

Das hereingerufene Kind versucht nun herauszufinden, welcher Gegenstand bzw. welche Karte versteckt wurde. Der von allen genannte Anlaut gibt ihm dabei einen Hinweis, und natürlich kann es auch die anderen, noch offen daliegenden Gegenstände betrachten, um die richtige Lösung zu finden. Hat das Kind das Rätsel gelöst, dann darf es den nächsten „Rater" bestimmen, und das Spiel beginnt von vorne.

Variante:

Je nach Alter der Kinder kann man den Schwierigkeitsgrad dieses Spiels verändern, indem man mehr oder weniger Gegenstände bzw. Karten verwendet. Richtig schwer wird es aber, wenn die anderen Gegenstände ebenfalls zugedeckt werden, und das ratende Kind als Tipp nur den Anlaut erhält.

WELCHES TIER BIST DU?

G

Material: ein Zauberstab

Eines der Kinder spielt den Zauberer und geht mit einem Zauberstab im Stuhlkreis umher. Dazu wird von ihm der folgende Vers gesprochen:

„Ene, mene, blinde Kuh,
welches Tier bist du?"

Beim letzten Wort bleibt der „Zauberer" vor einem Kind stehen. Dieses Kind darf sich ein beliebiges Tier ausdenken, z. B. ein Krokodil. Der „Zauberer" verwandelt das Krokodil nun in ein anderes Tier, aber nur in eines, dessen Anfangslaut dem Schlusslaut des zuvor gehörten Tieres entspricht. Aus dem Krokodil wird dann z. B. ein Löwe. Dabei kann der „Zauberer" folgenden Spruch verwenden:

„Stinkekraut und blaues Meer,
ein ... (z. B. Krokodil) bist du nicht mehr!
Zippel, zappel, Zauberstein,
ein ... (z. B. Löwe) sollst du ab jetzt sein!"

Das auf diese Weise in ein anderes Tier verwandelte Kind stellt sich in die Kreismitte, und der „Zauberer" geht erneut im Kreis herum. Sobald insgesamt 5 Tiere in der Mitte stehen, schwingt der „Zauberer" erneut seinen Zauberstab und verwandelt alle zurück in Kinder. Dann kann das Spiel von vorn beginnen.

Variante:

Als einfachere Variante dieses Spiels kann man auch Tiernamen suchen, die sich nicht im Schlusslaut oder Anlaut, sondern nur im Anlaut gleichen. So wird dann z. B. aus dem Krokodil ein Känguru oder eine Katze.

WAHR ODER GESCHWINDELT?

K

Bei diesem Spiel geht es darum, Wörter mit demselben Anlaut zu erkennen. Der Spielleiter spricht folgenden Spruch:

„Passt gut auf, damit ihr wisst,
ob es wahr oder geschwindelt ist!
Um das ... (z. B. M) geht es nun,
was hat damit nichts zu tun?"

Dann nennt der Spielleiter ein paar Beispielwörter, beim M z. B. „Mond", „Motorrad", „Mandarine", „Buch" „Maus" etc. Die Kinder hören genau zu. Bei jedem falschen Begriff, der genannt wird, hier etwa dem Wort „Buch", dürfen die Kinder eine Aktion durchführen, z. B. klatschen, stampfen, in die Luft springen etc.
Anschließend sind die Kinder selbst an der Reihe. Nacheinander nennt jeder ein Wort. Ob dabei ein passender Begriff gesagt wird oder nicht, entscheidet jeder Mitspieler selbst. Die anderen hören erneut genau hin und führen bei jedem nicht passenden Wort die vorher abgesprochene Aktion aus.

LAUTBALL

G

Material: pro Kind ein Ball und eine Bildkarte

Dieses Spiel ist gut für die Turnhalle geeignet. Alle Kinder stellen sich in einer Reihe nebeneinander auf und bekommen einen Ball. Zusätzlich erhalten sie jeweils eine Bildkarte. Als Erstes bestimmen die Kinder dann den Anfangslaut des auf ihrer Karte abgebildeten Gegenstands. Daraufhin stellt sich der Spielleiter gegenüber den Kindern auf und ruft ihnen verschiedene Begriffe zu. Das Kind, welches eine Karte besitzt, auf der der abgebildete Gegenstand den gleichen Anfangslaut hat wie das zugerufene Wort, darf dem Spielleiter seinen Ball zuwerfen oder zuschießen. Der Spieleiter rollt den Ball anschließend wieder zu dem Kind zurück und ruft den nächsten Begriff.

SCHATZSUCHE

G

Material: 5 Dosen, 5 Bilder auf dünnem Papier, auf denen ein Gegenstand abgebildet ist, Kleber, zusätzliche Bildkarten

Die Spielleiterin bereitet 5 Dosen vor und klebt auf jede Dose ein Bild von einem Gegenstand. Diese 5 Gegenstände müssen jeweils mit unterschiedlichen Anlauten beginnen. Dann versteckt sie in der Turnhalle oder im Gruppenraum zusätzliche Bildkarten, auf denen die abgebildeten Gegenstände ebenfalls mit diesen 5 verschiedenen Anlauten beginnen. Als Nächstes betrachtet sie mit den Kindern die Bilder auf den Dosen und überlegt gemeinsam mit ihnen, mit welchen Anlauten die darauf abgebildeten Gegenstände wohl beginnen. Anschließend suchen die Kinder die im Raum versteckten Bildkarten und sortieren sie, entsprechend den Anlauten der darauf zu sehenden Gegenstände, in die richtigen Dosen ein.

1, 2, 3, DIE ENTSCHEIDUNG IST VORBEI!

K
G

Material: laminierte große Bildkarten, rote Spielchips oder Bauklötzchen, ein Karton

Dieses Spiel sollte mit einer zahlenmäßig eher kleinen Gruppe gespielt werden. Laminierte große Bildkarten mit verschiedenen, darauf abgebildeten Gegenständen, die alle mit unterschiedlichen Anlauten beginnen, werden im Raum verteilt. Die Kinder beginnen, im Raum umherzugehen. Irgendwann ruft die Spielleiterin einen bestimmten Anlaut auf, z.B. ein E, und sagt dann:

„1, 2, 3,
die Entscheidung ist vorbei!"

Die Kinder laufen nun zu einer Bildkarte, auf der der abgebildete Gegenstand mit dem genannten Anlaut beginnt. Wer danach vor einer passenden Karte steht, darf sich ein rotes Bauklötzchen oder einen Spielchip aus einem Karton nehmen. Sieger ist derjenige, der am Ende des Spiels die meisten Punkte gesammelt hat.

DREIERLEI

G

Material: große Bildkarten mit einem darauf abgebildeten Buchstaben

Dieses Spiel sollte in einem Turnraum stattfinden. Die Kinder finden sich zu Dreiergruppen zusammen, und die Mitglieder jeder Gruppe stellen sich hintereinander auf. Der Spielleiter steht vor den Gruppen und hält eine große Bildkarte mit einem darauf abgebildeten Buchstaben, z. B einem A, in die Höhe. Dabei nennt er den Kindern nacheinander unterschiedlichste Wörter.
Die Kinder müssen nun genau hinhören und herausfinden, ob in den genannten Wörtern ein A vorkommt, und wenn ja, an welcher Stelle es im jeweiligen Wort steht: Steht das A am Anfang, wie z. B. bei „Affe", in der Mitte, wie etwa bei „Schifffahrt", oder am Ende des Wortes, wie bei „Oma"?
Befindet sich das A am Anfang des Wortes, dann hocken sich die Kinder auf den Boden, die in der jeweiligen Dreiergruppe vorne stehen. Die Kinder in der Mitte der Gruppen setzen sich hin, sobald sie ein Wort hören, in dem das A in der Mitte vorkommt usw.
Um das Spiel etwas zu erschweren, kann der Spielleiter auch noch Wörter dazunehmen, in denen gar kein A vorkommt. In diesem Fall bleiben alle Kinder

stehen. Wenn das erste Kind in jeder Reihe schon auf dem Boden sitzt und wieder ein Wort hört, das mit einem A beginnt, steht es wieder auf. Je geübter die Kinder bei diesem Spiel sind, desto schneller kann der Spielleiter die Wörter nennen.

SPIELE MIT SÄTZEN UND WÖRTERN

Wo endet ein Wort, und wo fängt das nächste an? Schreibt man nun „aufden Baum" oder „auf den Baum"? Auch das Erfassen von Wortgrenzen spielt im Rahmen der Rechtschreibung eine wichtige Rolle. Es gibt jedoch viele Schulkinder, denen dies nicht so richtig gelingen will. Sie erfassen zwei oder drei Einzelwörter als ein einziges, langes Wort oder unterteilen umgekehrt ein Wort beim Schreiben in seine einzelnen Silben.

Die folgenden Spiele zum Thema „Sätze" sollen die Kinder langsam dahin führen, zu erkennen, wo ein Wort endet und ein neues anfängt. Zusätzlich beschäftigt sich dieses Kapitel auch mit dem spielerischen Umgang mit Wörtern. Was passiert, wenn zwei Nomen zusammengesetzt werden? Kann man den Sinn eines Wortes trotzdem noch verstehen, wenn ein Laut weggelassen wird? Auch bei diesen Spielen ist der Forscherinstinkt der Kinder gefragt.

Wieder müssen für manche Spiele zunächst einige Vorbereitungen getroffen werden. D. h., die Spielleiterin oder der Spielleiter benötigt Materialien, wie z. B. Bilder oder Gegenstände, die eine Lautanalyse ermöglichen. Mittlerweile besitzen jedoch viele

Kindergärten und Grundschulen schon eine große Auswahl an Lernspielen, deren Materialien sicherlich auch für die im Folgenden vorgestellten Lautspiele benutzt werden können.

STEIN UM STEIN

K

Material: Bildkarten, Muggelsteine

Die Kinder schauen sich Bildkarten an, auf denen eine Person beim Ausüben einer Tätigkeit abgebildet ist. Sie formulieren dazu einen Satz, z. B.: „Die Frau isst Möhren." Dann zählen sie mithilfe der Spielleiterin die Wörter in diesem Satz. Für jedes Wort legen sie einen Muggelstein vor sich hin. Nachdem alle Muggelsteine ausgelegt wurden, wiederholen die Kinder zusammen nochmals den Satz und tippen bei jedem Wort mit dem Finger einen der Steine an.

WORT, SATZ, ZIEL – GEWINN DAS SPIEL!

K G

Material: ein einfaches Brettspiel (z. B. Mausefalle® oder Mensch ärgere Dich nicht®), Bildkarten

Die Kinder spielen gemeinsam ein einfaches Brettspiel. Anstelle eines Würfels liegt jedoch ein Kartenstapel mit Bildern von Personen, die eine Tätigkeit ausführen, neben dem Spielbrett.
Das Kind, welches jeweils an der Reihe ist, zieht nun eine Karte und bildet einen Satz, der das auf der Karte Abgebildete beschreibt, also z. B.: „Der Mann fährt Auto." Dann darf es auf dem Spielbrett so viele Felder vorrücken, wie dieser Satz Wörter hat. Die Kinder haben also bei diesem Spiel die Möglichkeit, längere Sätze zu bilden, um dadurch möglichst viele Felder vorrücken zu können. Der Satz: „Die große Frau isst ein Eis" bringt sie demnach z. B. weiter voran als der Satz: „Die Frau isst Eis." Dadurch üben sie, kreativ mit der Sprache umzugehen.

WELCHES WORT IST LÄNGER?

K

Material: Mikadostäbchen

Dieses Spiel ist für maximal 4 Kinder geeignet. Sie sollen bei diesem Spiel heraushören, welches der vom Spielleiter genannten Wörter länger und welches kürzer ist.

Der Spielleiter sitzt mit den Kindern am Tisch oder auf dem Boden. Er erklärt ihnen, dass es längere und kürzere Wörter gibt. Dann stellt er zwei dieser Wörter gegenüber, z. B. „Eis" und „Schokolade", und sagt den Kindern, dass das Wort „Eis" in diesem Fall das kürzere und „Schokolade" das längere Wort ist. Nach diesem Probelauf nennt er den Kindern immer zwei unterschiedlich lange Wörter und lässt sie entweder das kürzere oder das längere Wort bestimmen.

Für jeden Durchgang bekommen die Kinder einige Mikadostäbchen. Am Ende der Übung können dann alle gemeinsam Mikado spielen.

WÖRTERSCHLANGE

K

Material: ein vorbereitetes Blatt Papier pro Kind, Stifte

Auf einem vorbereiteten Blatt Papier befinden sich parallel untereinander 5 verschieden lange Schlangen, bestehend aus Kästchen.
In die erste „Zeile" malt die Spielleiterin also eine Schlange mit 2 Kästchen, darunter in die zweite „Zeile" eine mit 3 Kästchen usw. – bis zur fünften „Zeile" mit der längsten Schlange mit 6 Kästchen.
Dann spricht die Spielleiterin den Kindern einen Zweiwortsatz vor. Sie wiederholt diesen Satz zusammen mit den Kindern, die dann auf ihrem Blatt für jedes Wort ein Kästchen in der ersten Schlange ankreuzen. Das Gleiche machen sie dann mit Drei-, Vier-, Fünf- und Sechswortsätzen bei den anderen Schlangen. Wichtig ist, dass es sich immer um den gleichen Satz handelt, der jeweils um ein Wort wächst. Die Kinder erfahren auf diesem Weg, wie ein Satz an Länge zunehmen kann.
Anschließend dürfen die Kinder selbst Sätze „wachsen" lassen. Dazu gibt die Spielleiterin einen Zweiwortsatz vor, und die Kinder überlegen gemeinsam, wie aus einem Zweiwortsatz ein Dreiwortsatz usw. werden kann.

WÖRTERKNIFFEL

G

Material: ein großes Blatt aus stabilem Papier oder Karton, ein Stift, Memo-Karten, Muggelsteine oder Spielfiguren (für jedes Kind in einer anderen Farbe)

Der Spielleiter fertigt zunächst ein Spielbrett an. Dazu malt er auf ein großes Blatt aus stabilem Papier oder Karton 7 Häuser. Das erste davon hat 2 Stockwerke, das zweite 3 usw., bis zum letzten, das über 8 Stockwerke verfügt. Dann legt er das Spielbrett und einen Stapel mit Memo-Karten auf den Tisch, um den die Kinder sitzen. Alle Kinder erhalten zudem eine Anzahl von Muggelsteinen oder Spielfiguren, und zwar jeder Mitspieler in einer anderen Farbe.

Das Kind, welches beginnen darf, zieht nun eine der Karten und überlegt sich zu der Abbildung einen Satz. Anschließend zählt die Gruppe gemeinsam die Wörter in diesem Satz, und das Kind darf einen seiner Muggelsteine oder seiner Spielfiguren auf dasjenige Haus legen, das genauso viele Stockwerke hat wie sein Satz Wörter. Dann ist das nächste Kind an der Reihe.

Gewinner ist, wer es als Erster schafft, alle Häuser mit ihren unterschiedlich hohen Stockwerken zu belegen.

WAS STIMMT HIER NICHT?

K

Material: ein Bilderbuch

Dieses Spiel schult auch die auditive Aufmerksamkeit. Die Kinder schauen sich mit der Spielleiterin gemeinsam ein Bilderbuch an. Die Spielleiterin kommentiert dabei einzelne Situationen, die in dem Buch vorkommen. Dabei streut sie in ihre Behauptungen kleine Fehler ein (z. B. „Die Frau trinkt Kaffee", obwohl auf dem Bild ein Mann Kaffee trinkt, oder, was etwas schwieriger ist: „Der Frosch sitzt auf der Leiter", anstatt „Der Frosch geht auf die Leiter"). Die Kinder sollen nun diesen Fehlern auf die Spur kommen und sie korrigieren. Danach wiederholen sie den korrekten Satz und zählen seine einzelnen Wörter.

SATZSCHLANGEN

K G

Material: ein Ball

Die Kinder stehen mit der Spielleiterin im Kreis. Die Spielleiterin hält einen Ball in den Händen und beginnt einen Satz, indem sie ein einzelnes Wort nennt (z. B. „Ich"). Dann wirft sie den Ball einem der Kinder zu. Dieses Kind fängt den Ball und ist nun an der Reihe, dem von der Spielleiterin gesagten Wort ein weiteres hinzuzufügen. Es sagt also z. B.: „Ich gehe". Danach wirft es den Ball einem weiteren Kind zu, welches den Satz um ein drittes Wort verlängert usw., bis am Ende ein gemeinsamer Satz entstanden ist.

AUS ZWEI WIRD EINS

K

Material: Bildkarten

Die Spielleiterin erklärt den Kindern, dass man zwei Wörter so „zusammenzaubern" kann, dass daraus ein ganz neues Wort entsteht. Dazu spricht sie den folgenden Spruch:

„Ene, meine, mex,
ich bin die kleine Hex.
Aus Fliegen und aus Pilz,
da zaubere ich den Fliegenpilz!"

Nachdem die Spielleiterin den Kindern mit diesem Spruch noch zwei weitere Beispiele für solche zusammengesetzten Wörter gegeben hat, dürfen die Kinder selbst zaubern und aus zwei Wörtern eines machen. Dazu legt die Spielleiterin den Kindern jeweils zwei Bildkarten mit Gegenständen vor, deren Bezeichnungen man zu zusammengesetzten Wörtern (Komposita) verbinden kann.

MEMO-SPIEL MIT WÖRTERN

K
G

Material: Bildkarten

Für dieses Spiel werden Bildkarten benötigt, bei denen man durch die Kombination zweier darauf abgebildeter Gegenstände einen Namen für einen neuen Gegenstand bilden kann. Aus einer Karte mit einem Haus und einer weiteren Karte mit einer Tür wird also z. B. das Wort „Haustür". Diese Karten kann man auch gut gemeinsam mit den Kindern basteln. Die Rückseite der Karten sollte dabei jedoch einheitlich gestaltet sein.

Gespielt wird dann wie bei den bekannten Memo-Spielen: Alle Karten werden gemischt und dann verdeckt ausgelegt. Nacheinander decken die Spieler nun jeweils zwei Karten auf. Dabei überlegen alle gemeinsam, ob man aus den Gegenständen auf den beiden Karten ein neues Wort bilden kann. Ist dies möglich (handelt es sich also z. B. um eine Karte mit einer Biene und um eine Karte mit einem Stock, die man zum Wort „Bienenstock" kombinieren kann), dann darf das Kind, das die Karten aufgedeckt hat, diese vor seinem Platz stapeln. Passen die Karten aber nicht zusammen, dann werden sie wieder verdeckt auf die Spielfläche gelegt. Wer am Ende die meisten Karten gesammelt hat, gewinnt das Spiel.

Folgende Wörter eignen sich z. B. für ein solches Memo-Spiel: Ameisenbär, Apfelbaum, Burgtor, Eisbär, Fußball, Fensterbank, Fingerring, Goldfisch, Handschuhe, Haustür, Himmelbett, Katzenkorb, Löwenzahn, Schaukelpferd, Schlossgespenst etc.

TEEKESSELCHEN

K G

Material: Bildkarten

Die Spielleiterin bereitet Bildkarten mit darauf abgebildeten Gegenständen vor, die sich für ein Teekesselchen-Spiel eignen. Sie erklärt den Kindern, dass manchmal ein und dasselbe Wort zwei unterschiedliche Bedeutungen haben kann. Dann spielen die Kinder mit diesen Karten ein Memo-Spiel, bei dem es darauf ankommt, passende Teekesselchen zu finden. Sie suchen also jeweils zwei Karten, die einen unterschiedlichen Gegenstand zeigen, der jedoch die gleiche Bezeichnung hat (Beispiele für solche Teekesselchen: Schloss: Türschloss und Königsschloss, Bein: Tischbein und Menschenbein, Bank: Sitzmöbel und Geldinstitut, Decke: Zimmerdecke und Bettdecke, Gabel: Besteckteil und Fahrradgabel, Blatt: Baumblatt und Papierblatt, Hahn: Wasserhahn und Tier, Mühle: Spiel und Gebäude, Nadel: Nähutensil und Baumnadel etc.).

WAS PASST ZUSAMMEN?

K G

Material: Muggelsteine, evtl. Bildkarten

Der Spielleiter gibt den Kindern ein Namenwort vor. Diese überlegen nun, wie dieses Wort mit einem anderen Wort verbunden werden kann, sodass ein neuer Begriff entsteht. Das Kind, welches eine mögliche Kombination zuerst findet, bekommt einen Muggelstein. Das Kind, das am Ende die meisten Steine besitzt, hat das Spiel gewonnen. Eventuell muss dieses Spiel durch passende Bildkarten unterstützt werden.

SPITZT DIE OHREN!

K

Bei diesem Rätselspiel sollen die Kinder zwei Wörter zu einem neuen Hauptwort zusammensetzen. Dazu wird immer der folgende Vers gesagt:

„Spitzt einmal die Ohren,
was ging denn da verloren?
Das … (z. B. Auto) kann die … (z. B. Bahn) nicht finden,
könnt ihr denn das Wort verbinden?"

Hierbei können beliebige, einsilbige Wörter eingesetzt werden, die sich zu einem sinnvollen neuen Hauptwort verbinden lassen, also z. B. Baum und Stamm, Burg und Tor, Frosch und Teich, Hand und Tuch, Eis und Bär, Fuß und Ball, Sand und Burg, Schnee und Mann, Gold und Fisch, Haus und Tür etc.

WORTVERDREHEREI

K

Bei diesem Spiel geht es darum, verdrehte Wörter wieder richtig zusammenzusetzen. Die Spielleiterin liest dazu den folgenden Reim vor:

„Wer hat denn da das Wort verdreht?
Hört mal zu, wie es hier steht:
‚Schlachtschneeball' (= Schneeballschlacht)
Könnt ihr es erkennen
und richtigrum benennen?"

Die Kinder haben nun die Aufgabe, den korrekten Begriff zu finden. Einige Anregungen für weitere mögliche Rätselwörter sind: Bergschneckenwein = Weinbergschnecke; Uhrkirchturm = Kirchturmuhr; Fegerschornstein = Schornsteinfeger; Wehrautofeuer = Feuerwehrauto; Kugelbaumchrist = Christbaumkugel; Bogenfarberegen = Regenbogenfarbe; Flossenfischhai = Haifischflosse; Ballschuhfuß = Fußballschuh etc.

WÖRTERZAUBEREI

K

Bei diesen Rätseln müssen die Kinder gut zuhören, um die in den Wörtern fehlenden Laute sinnvoll zu ergänzen. Der Spielleiter liest dazu den folgenden Vers vor und setzt zum Raten jeweils einen anderen Begriff ein. Dabei wird immer ein Laut bewusst nicht ausgesprochen:

„1, 2, 3,
ist das Wörterzauberei?
Könnt ihr das Wort erkennen:
‚Gi...affe'
Und könnt ihr es auch richtig nennen?"

RÄTSEL MIT WORTPAAREN

G

Dieses etwas anspruchsvollere Ratespiel eignet sich eher für die älteren Kinder oder für jene, die sprachlich schon sehr weit sind. Um die Wörter in diesem Spiel zu entschlüsseln, müssen die Kinder den Anlaut eines Wortes gegen einen anderen austauschen. Die Spielleiterin liest dazu den folgenden Reim, hier mit dem Beispielwort „Wind", vor:

„‚Wind' ist das Wort,
das W lief fort,
‚...ind' bleibt zurück,
da fehlt doch ein Stück?
Das K kommt gerannt,
wie wirds nun genannt?

Anstelle des Wortpaares Wind/Kind können z. B. auch eingesetzt werden: Hose/Rose, Hand/Sand, Löwe/Möwe, Topf/Zopf, Buch/Tuch, Haus/Maus, Duft/Luft, Tasse/Kasse, Suppe/Puppe, Dose/Hose, Band/Wand, Hase/Nase, Tonne/Sonne, Butter/Mutter, Kanne/Tanne etc.

WÖRTERKUDDELMUDDEL

G

Dieses Spiel ist gut für die Turnhalle geeignet. Die Spielleiterin überlegt sich einen Satz mit einer Anzahl von Wörtern, welche genau der Anzahl der mitspielenden Kinder entspricht. Sie flüstert nun jedem Kind ein Wort dieses Satzes ins Ohr. Das Kind, welches das Wort bekommen hat, mit dem der Satz beginnt, wird dann von der Spielleiterin in die Mitte der Turnhalle geschickt. Alle anderen laufen in der Halle umher.

Nun ruft das Kind in der Mitte sein Wort laut in die Runde. Daraufhin läuft ein weiterer Mitspieler, dessen Wort an das Wort des ersten Kindes anknüpfen kann, zu ihm in die Mitte. Er stellt sich rechts neben das erste Kind und fasst es an der Hand. Als Nächstes rufen nun die beiden gemeinsam ihre Worte laut in den Raum, damit die anderen Kinder überlegen können, wer sich als Nächstes der Reihe in der Mitte anschließen kann. Wenn sich dann schließlich alle Kinder in der Mitte befinden, sprechen sie in genau der Reihenfolge, wie sie stehen, ihre Wörter laut vor. Auf diese Weise erfolgt die Kontrolle, ob alle Wörter auch wirklich an dem richtigen Platz „angekommen" sind. Wenn dies nicht der Fall ist, tauschen die Kinder untereinander ihre Plätze, bis der Satz stimmt.

VERZEICHNIS DER SPIELE

Die Autorinnen

Nicole Bruske-Klein, Logopädin mit eigener Praxis in Soest/Westfalen und Legasthenietrainerin. Als MAX-Trainerin schult sie Erzieherinnen im Rahmen der Language Route.

Ulrike Menke, Erzieherin und Motopädin. Sie arbeitet freiberuflich und bietet für Kinder und Familien motopädische Bewegungsstunden an. Sie lebt in Warstein/Sauerland.